Die Spätschriften der Bibel

Die Apokryphen des Alten Testaments

Das 2. Buch der Apokryphen aus der Bibel

Das Buch der Weisheit

Sapientia Salomonis

Die Weisheit Salomos

Die Weisheit Gottes,
offenbart durch den König Salomo,
ist das höchste Gut des Lebens
und weist dem Menschen
den Weg von der Dunkelheit zum Licht

Übersetzung nach
Hermann Menge 1926

Bibliografische Information der Deutschen Nationalbibliothek:
Die Deutsche Nationalbibliothek verzeichnet diese Publikation in der Deutschen Nationalbibliografie; detaillierte bibliografische Daten sind im Internet über http://dnb.dnb.de abrufbar.

TWENTYSIX – Der Self-Publishing-Verlag
Eine Kooperation zwischen der Verlagsgruppe Random House und BoD – Books on Demand

Herstellung und Verlag:
BoD – Books on Demand, Norderstedt

ISBN: 978-3-740-76922-2

Übersetzung: ***Hermann Menge 1926***

Layout, Schriftsatz, Formatierung:
Antonia Katharina Tessnow
www.antonia-katharina.de

I. Erster Teil:
Lob der Weisheit als der Führerin zum wahren Glück und der Verleiherin des Sieges über die gottlose Welt

1. Mahnung an die Mächtigen der Erde zum Streben nach Gerechtigkeit, die allein wahre Weisheit und Heil schaffe

1. Kapitel

Gerechtigkeit in Wort und Tat ist der Weg zur Weisheit

1 Gewinnt die Gerechtigkeit lieb, ihr
Herrscher auf Erden! denkt an den Herrn
in Aufrichtigkeit und sucht ihn in Einfalt
des Herzens!
2 Denn er läßt sich finden von denen,
die ihn nicht versuchen (auf die Probe
stellen), und offenbart sich denen, die ihm
nicht mißtrauen.
3 Denn verkehrte Gedanken führen von

Gott ab, und seine Allmacht, wenn sie angezweifelt wird, straft die Toren.

4 Denn in eine bösgesinnte Seele kehrt die Weisheit nicht ein und nimmt ihre Wohnung nicht in einem der Sünde dienstbaren Leibe.

5 Denn der heilige Geist der Zucht meidet die Falschheit; er hält sich fern von törichten Gedanken und wird verscheucht, wenn Ungerechtigkeit aufkommt.

6 Denn ein menschenfreundlicher Geist ist die Weisheit und läßt auch den Gotteslästerer nicht ungestraft ob der Schuld seiner Lippen; denn Gott ist Zeuge seiner Nieren (d.h. der Kenner dessen, was in seinem Innern vorgeht), er ist der wahrhaftige Beobachter seines Herzens und der Hörer seiner Reden.

7 Denn der Geist des Herrn erfüllt den Erdkreis, und er, der das All umfaßt, hat Kenntnis von jedem gesprochenen Wort.

8 Darum bleibt keiner verborgen, der Unrechtes redet, und die strafende Gerechtigkeit geht an ihm nicht vorüber.

9 Denn über die Anschläge des Gottlosen findet eine Untersuchung statt,

und die Kunde von seinen Reden kommt vor den Herrn zur Bestrafung seiner Verfehlungen;
10 denn sein eifersüchtiges Ohr hört alles, und auch das leiseste Murren bleibt ihm nicht verborgen.

*Die Sünde führt den Tod herbei,
den Gott nicht will*

11 Hütet euch also vor unnützem Murren und bewahrt die Zunge vor Lästerrede; denn auch heimliches Gerede geht nicht ungestraft hin, und ein lügnerischer Mund vernichtet die Seele.
12 Trachtet nicht nach dem Tode durch die Verirrung eures Lebens und zieht nicht das Verderben durch euer eigenes Tun herbei;
13 denn Gott hat den Tod nicht geschaffen und hat keine Freude am Untergang der Lebenden.
14 Denn alle Dinge hat er zum Sein geschaffen, und alles in der Welt

Erzeugte ist zum Heil da; in keinem findet sich das Gift des Verderbens, und das Totenreich hat nicht die Herrschaft auf Erden.

15 Denn die Gerechtigkeit ist unsterblich (dem Tode nicht unterworfen), die Ungerechtigkeit aber führt den Tod herbei.

2. Die törichte und trotzige Rede der Lästerer vom Menschenleben und ihr verwerfliches Verhalten

16 Die Gottlosen aber rufen den Tod herbei durch ihre Taten und Reden; sie halten ihn für einen Freund und verzehren sich in Sehnsucht nach ihm, sie schließen einen Bund mit ihm, weil sie es wert sind, ihm als Beute zuzufallen.

2. Kapitel

Die Gottlosen bereden sich,
dass mit dem Tod alles aus sei
und verfolgen den Gerechten.

1 Sie sagen nämlich bei sich selbst (oder zueinander), indem sie verkehrt urteilen [Denn diese Leute, die so verkehrt denken, sagen untereinander (1)]: 'Kurz und mühselig ist unser Leben; wenn es mit dem Menschen zu Ende geht, gibt es kein Heilmittel, und bekannt ist uns keiner, der aus der Unterwelt gerettet hätte.
2 Denn durch Zufall sind wir entstanden, und nachher werden wir sein, als wären wir nie dagewesen; denn Dunst ist der Odem in unserer Nase und das Denken nur ein Funke, der durch die Bewegung unseres Herzens entsteht;
3 erlischt dieser Funke, so wird der Leib zu Asche, und der Geist verfliegt wie dünne Luft.
4 Selbst unser Name gerät mit der Zeit in Vergessenheit, und niemand gedenkt mehr unserer Taten; unser Leben geht

vorüber wie die Spur einer Wolke und wird verweht wie Nebel, den die Strahlen der Sonne verscheuchen und den ihre Wärme zum Sinken bringt.
5 Ein Schatten, der vorüberzieht, das ist unser Leben, und eine Wiederkehr unseres Endes gibt es nicht; denn fest versiegelt ist's, und zurück kommt keiner'.

Die Genußsucht der Gottlosen
und ihr Haß gegen die Gerechten

6 'So kommt denn und laßt uns die Güter genießen, die uns zu Gebote stehen, und laßt uns eifrig die Welt ausnützen, da wir noch jung sind!
7 Mit kostbarem Wein und mit Salben wollen wir uns reichlich bedenken, und keine Frühlingsblume soll ungepflückt bleiben;
8 mit Rosenknospen wollen wir uns bekränzen, ehe sie verblühen, keine Aue

soll es geben, die wir nicht schwelgend
durchstreifen!
9 Keiner von uns halte sich fern von
unserem Wohlleben; überall sollen die
Spuren unseres Frohsinns zurückbleiben;
denn das ist unser Teil und unser Los.
10 Laßt uns gegen den armen
Gerechten gewalttätig vorgehen, gegen
keine Witwe Schonung üben und dem
grauen Haar des hochbetagten Greises
keine Achtung beweisen!
11 Nein, unsere Kraft soll der Maßstab
für unser Rechtsverfahren sein, denn was
schwach ist, erweist sich als wertlos.
12 Dem Gerechten wollen wir aufsässig
sein, weil er uns unbequem ist und
unserm Tun entgegentritt, weil er uns
Übertretungen des Gesetzes vorhält und
uns Verfehlungen gegen die Zucht zum
Vorwurf macht.
13 Er rühmt sich, Gotteserkenntnis zu
besitzen, und nennt sich selbst einen
Gottesknecht.
14 Er ist für uns eine beständige Anklage
unserer Denkweise geworden, lästig ist
er uns schon durch seinen Anblick;
15 denn seine Lebensweise weicht von

der aller anderen ab, und sein ganzes Verhalten ist völlig verschieden.

16 Wir gelten ihm als falsche Münze, und er hält sich fern von unserm Tun und Lassen wie von Schmutz. Er preist das Endlos der Gerechten glücklich und prahlt mit Gott als seinem Vater.

17 Nun, wir wollen sehen, ob er mit seinen Worten recht hat, und wollen abwarten, wie sein Ausgang sich gestalten wird.

18 Denn ist der Gerechte wirklich ein Kind Gottes, so wird der ihm Beistand leisten und ihn aus der Gewalt seiner Widersacher erretten.

19 Mit Hohn und Mißhandlung wollen wir ihn auf die Probe stellen, um seine Sanftmut kennen zu lernen und seine Standhaftigkeit in Leiden zu prüfen;

20 zu schmachvollem Tode wollen wir ihn verurteilen, denn Rettung wird ihm ja, wie er behauptet, zuteil werden'.

3. Das Tun und das Los der Gottlosen im Gegensatz zu den Gerechten in Zeit und Ewigkeit

21 So denken sie und gehen daher irre,
denn ihre Bosheit macht sie blind;
22 sie haben keine Kenntnis von Gottes Geheimnissen (geheimen Ratschlüssen), haben keine Hoffnung auf einen Lohn für die Frömmigkeit und wollen nichts wissen von einem Ehrenpreis für unsträfliche Seelen.
23 Denn Gott hat den Menschen zur Unvergänglichkeit geschaffen und ihn zum Abbild seines eigenen Wesens gemacht;
24 aber durch den Neid des Teufels ist der Tod in die Welt gekommen, den die zu schmecken bekommen, welche jenem (d.h. dem Teufel) angehören.

3. Kapitel

Ungleicher Zustand der Frommen
und der Gottlosen
in diesem und jedem Leben

1 Die Seelen der Gerechten aber sind in
Gottes Hand, und keine Qual berührt sie;
2 sie scheinen tot zu sein nach der
Meinung der Toren, ihr Dahingang wird
als ein Unglück angesehen
3 und ihre Trennung von uns als eine
Vernichtung; sie aber sind im Frieden.
4 Denn wenn sie auch nach der Ansicht
der Menschen gestraft wurden, so war
doch ihre Hoffnung ganz vom
Unsterblichkeitsglauben erfüllt;
5 und nachdem sie eine kurze
Leidenszeit überstanden haben, werden
sie mit hohem Glück gesegnet werden,
denn Gott hat sie nur geprüft und sie
seiner würdig erfunden.
6 Wie Gold im Schmelzofen hat er sie
erprobt und wie die Gabe eines
Ganzopfers sie angenommen. [und
nimmt sie an wie ein völliges Opfer (2)]
7 So werden sie denn zur Zeit ihrer

Gnadenheimsuchung hell glänzen und wie Funken durch dürres Schilfrohr fahren;
8 sie werden die Heiden richten und über Völker herrschen, und der Herr wird ihr König sein ewiglich.
9 Die auf ihn vertraut haben, werden die Wahrheit erkennen, und die treu gewesen sind, werden in Liebe bei ihm verbleiben; denn Gnade und Erbarmen wird seinen Frommen zuteil und Schutz seinen Auserwählten.
10 Die Gottlosen aber werden ihrer Denkweise gemäß Strafe erleiden, sie, die den Gerechten verachtet haben und vom Herrn abgefallen sind;
11 denn wer Weisheit und Zucht mißachtet, ist elend; die Hoffnung solcher Menschen ist eitel, ihr Bemühen erfolglos und ihr ganzes Tun nutzlos.
12 Ihre Weiber sind Törinnen und ihre Kinder böse, verflucht ihre Nachkommenschaft.

Der kinderlose Gerechte
und der kinderreiche Gottlose

13 Glücklich zu preisen ist eine kinderlose Ehefrau, die sich unsträflich erhalten, die kein sündenbeflecktes Lager kennen gelernt hat: sie wird ihren Lohn empfangen bei der Prüfung der Seelen.
14 Glücklich auch der Entmannte, der nichts Gesetzwidriges in seinem Leben verübt und nichts Böses gegen den Herrn ersonnen hat; denn ihm wird ein herrlicher Gnadenlohn für seine Treue verliehen werden und ein herzerfreuender Besitzanteil im Tempel des Herrn.
15 Denn die Frucht edler Bestrebungen ist herrlich, und die Wurzel der Weisheit stirbt nicht ab.
16 Aber die Kinder von Ehebrechern gelangen nicht zur Vollendung, und alle, die aus gesetzwidrigem Ehebett hervorgegangen sind, gehen zugrunde.
17 Und sollten sie es auch zu einem

längeren Leben bringen, so werden sie doch für nichts geachtet werden, und ihr Alter wird schließlich ungeehrt sein.
18 Sollten sie aber plötzlich (frühzeitig) sterben, so haben sie keine Hoffnung und am Tage der Entscheidung keinen Trost;
19 denn das Ende eines gottlosen Geschlechts ist schlimm.

4. Kapitel

Die Kinder der Ehebrecher.
Vom frühzeitigen Sterben der Gerechten.
Ende der Gottlosen.

1 Besser ist Kinderlosigkeit im Verein mit Tugend; denn Unsterblichkeit wohnt ihrem Nachruhm bei, weil sie sowohl bei Gott als bei den Menschen bekannt ist. [Besser ist's, keine Kinder haben, so man fromm ist, denn das bringt ewiges Lob, denn es wird bei Gott und den Menschen gerühmt. (3)]
2 Solange sie da ist, eifert man ihr nach, und ist sie geschwunden, so sehnt man sich nach ihr, und in der Ewigkeit schreitet sie, mit dem Kranze auf dem

Haupte, als Siegerin einher, nachdem sie im Wettkampfe fleckenloser Bestrebungen gesiegt hat.

3 Aber die große Kinderschar der Gottlosen bringt ihnen keinen Gewinn; aus unechten Schößlingen bestehend, treibt sie keine Wurzel in die Tiefe und faßt keinen festen Stand im Erdgrunde.

4 Denn wenn sie auch eine Zeit lang mit den Zweigen hoch emporschießt, so wird doch das täuschend zum Vorschein Gekommene vom Wind hin und her geschüttelt und von der Gewalt der Stürme entwurzelt.

5 Ringsum werden die unentwickelten Zweige abgebrochen, ihre Früchte bleiben unbrauchbar, ungenießbar und zu nichts tauglich;

6 denn Kinder, die aus gesetzwidrigem Beischlaf hervorgegangen sind, legen gegen ihre Eltern das Zeugnis der Schlechtigkeit ab, wenn's zu deren Prüfung kommt.

Vergleich zwischen der kurzen und vergänglichen Freude gottloser Weltkinder und der herrlichen und ewigen Freude frommer Gotteskinder

7 Der Gerechte dagegen, auch wenn er frühzeitig stirbt, ist in der Ruhe;
8 denn nicht das langdauernde Alter ist der Ehre wert und wird nicht nach der Zahl der Jahre gemessen;
9 nein, das wahre graue Haar ist für die Menschen die Einsicht und das wahre Greisenalter ein fleckenloses Leben.
10 Weil er sich Gottes Wohlgefallen erworben hatte, wurde er entrückt;
11 er wurde entführt, damit nicht die Schlechtigkeit seinen Sinn verdürbe und Arglist seine Seele verführte.
12 Denn das Blendwerk der Schlechtigkeit verdunkelt das Gute, und der Taumel der Sinnenlust wandelt auch ein unschuldiges Herz um.
13 Wer in kurzer Zeit zur Vollendung gelangt ist, hat lange Zeiten erfüllt;

14 denn wohlgefällig war seine Seele
dem Herrn, darum eilte sie hinweg aus
der Mitte der Bösen.
15 Die Leute sahen es wohl, verstanden
es aber nicht und nahmen die Tatsache
nicht zu Herzen, daß Gnade und
Erbarmen bei seinen Auserwählten ist
und Hilfeleistung bei seinen Frommen.
16 Der Gerechte aber, der das Leiden
bestanden hat, wird die Verurteilung der
noch lebenden Gottlosen herbeiführen
und ebenso die früh zur Vollendung
gelangte Jugend die Verurteilung des an
Jahren reichen Greisenalters der
Ungerechten. [Denn es verdammt der
verstorbene Gerechte die lebendigen
Gottlosen und ein Junger, der bald
vollkommen wird, das lange Leben des
Ungerechten. (4)]
17 Denn sie werden das Ende des
Weisen wahrnehmen, doch nicht
erkennen, was Gott über ihn beschlossen
und warum der Herr ihn in Sicherheit
gebracht hat.
18 Sie werden es wahrnehmen, doch es
unbeachtet lassen; sie selbst aber wird
der Herr verlachen; und sie werden

darnach zu einem verachteten Leichnam werden und zum Gegenstand des Spottes unter den Toten ewiglich.

19 Denn er wird sie kopfüber hinabstürzen, während sie lautlos (vor Schrecken) dastehen, und sie von Grund aus erschüttern; sie werden völlig verwüstet werden und Qualen erleiden, und das Andenken an sie wird erlöschen.

20 Zitternd werden sie herankommen, wenn ihre Sünden zusammengerechnet werden, und ihre Missetaten werden als Ankläger sie unwiderleglich überführen.

Die verzweiflungsvolle Lage der Gottlosen im Gericht

5. Kapitel

Die Reue der Gottlosen beim Gericht kommt zu spät

1 Alsdann wird der Gerechte mit voller Zuversicht denen gegenübertreten, die

ihn bedrängt und seine Leiden unbeachtet gelassen haben.

2 Wenn sie ihn erblicken, werden sie von schrecklicher Furcht befallen werden und über seine unerwartete Rettung außer sich sein.

3 Reuevoll werden sie zueinander sagen und, in ihrer Seelenangst seufzend, sprechen: 'Dieser war es, den wir einst zum Gegenstand des Gelächters und zum Witzwort des Hohns gemacht haben!

4 Wir Toren hielten seine Lebensweise für Wahnsinn und seinen Tod für ehrlos.

5 Wie kommt's denn, daß er nun den Kindern Gottes zugerechnet worden ist und seinen Erbbesitz unter den Heiligen hat?

6 Ja, wir sind abgeirrt vom Wege der Wahrheit; das Licht der Gerechtigkeit hat uns nicht geleuchtet, und die Sonne ist uns nicht aufgegangen!

7 Wir fanden unsere Befriedigung auf den Pfaden der Gesetzwidrigkeit und des Verderbens und durchwanderten unwegsame Wüsten, aber den Weg des Herrn erkannten wir nicht.

8 Was hat uns nun unser Übermut

genützt, und wozu hat uns der Reichtum mitsamt der eitlen Prahlerei geholfen?
9 Das alles ist verschwunden wie ein Schatten und wie ein flüchtiges Gerücht;
10 wie ein Schiff, das die wogende See durchfährt, von dem man, wenn es vorübergezogen ist, keine Spur mehr findet und bei dem die Bahn seines Kiels verschwunden ist.
11 Oder wie von einem Vogel, der durch die Luft fliegt, keine Spur seines Flugs erhalten bleibt – durch den Flügelschlag wird wohl die leichte Luft in starke Bewegung gesetzt und wird durchzogen, indem die rauschende Kraft der geschwungenen Flügel sie durchschneidet, aber darnach ist keine Spur des Aufflugs mehr sichtbar;
12 oder wie, wenn ein Pfeil nach dem Ziel abgeschossen wird, die durchschnittene Luft sofort wieder zusammenfließt, so daß man von seiner Flugbahn nichts mehr erkennen kann:
13 so sind auch wir nach der Geburt sogleich wieder gestorben und vermögen kein Zeichen von Tugend aufzuweisen, sondern haben uns in

unserem bösen Lebenswandel aufgerieben'.
14 Ja, die Hoffnung des Gottlosen gleicht der Spreu, die der Wind entführt, und dem feinen Reif, den der Sturm verweht, dem Rauche, den der Wind auseinandertreibt, und der schnell entschwindenden Erinnerung an einen Gast, der nur einen Tag verweilt hat.

Der Lohn der Guten und die Strafe der Bösen

15 Die Gerechten aber leben in Ewigkeit; sie haben ihren Lohn im Herrn, und die Sorge für sie steht beim Höchsten.
16 Darum werden sie das Reich der Herrlichkeit und die Krone der Schönheit aus der Hand des Herrn empfangen; denn mit seiner Rechten wird er sie beschützen und mit seinem Arme sie beschirmen.
17 Als Rüstung wird er seinen Eifer

anlegen, und die ganze Schöpfung (Natur) bewaffnen zur Abwehr der Feinde;
18 als Harnisch (5) wird er die Gerechtigkeit anziehen und als Helm aufsetzen streng aufrichtiges Gericht;
19 als unüberwindlichen Schild wird er seine Heiligkeit nehmen
20 und jähen Zorn als Schwert schärfen, und die ganze Welt wird mit ihm den Kampf gegen die Toren führen [und die Welt wird mit ihm zum Streit ausziehen wider die Unweisen. (6)].
21 Ausfahren werden wohlgezielte Blitzesgeschosse und aus den Wolken wie vom wohlgerundeten Bogen auf das Ziel hin fliegen;
22 und von seiner Schleuder werden grimmerfüllte Hagelsteine geschleudert werden; die Fluten des Meeres werden gegen sie wüten, und Ströme werden ungestüm über ihnen zusammenschlagen.
23 Der Hauch der Allmacht wird sich gegen sie erheben und wie ein Wirbelsturm sie zerstreuen. So wird die Gottlosigkeit die ganze Erde verwüsten

und die Übeltat die Throne der Machthaber umstürzen [Ungerechtigkeit verwüstet alle Lande, und böses Leben stürzt die Stühle der Gewaltigen (7)].

II. Zweiter Teil:
Schilderung der hohen Vorzüge der Weisheit auf Grund ihres göttlichen Ursprungs und ihrer Segenswirkungen

6. Kapitel

Aufforderung an die Regenten der Erde, nach Gerechtigkeit und Weisheit zu streben

1. Die Herrscher sind zu diesem Streben verpflichtet

1 Hört also, ihr Könige, und seid verständig! nehmt Lehre an, ihr Herrscher der Enden der Erde!
2 Horcht auf, die ihr die Menge regiert und stolz seid auf die große Zahl eurer Völker!

3 Denn die Herrschaft ist euch vom Herrn verliehen und die Gewalt vom Höchsten,

4 der eure Taten prüfen und eure Pläne erforschen wird.

5 Denn obgleich ihr Diener seines Reiches seid, habt ihr ungerecht gerichtet und weder das Gesetz beobachtet, noch euren Wandel nach dem Willen Gottes geführt.

6 Schrecklich und gar bald wird er über euch kommen, denn ein strenges Gericht findet bei den Machthabern statt.

7 Denn der Geringe findet Verzeihung aus Erbarmen, aber die Gewaltigen werden gewaltig gezüchtigt werden;

8 denn der Allherrscher nimmt auf niemand Rücksicht und scheut sich vor keiner Größe; denn klein und groß hat er geschaffen, und für alle sorgt er in gleicher Weise.

9 Den Mächtigen aber steht eine strenge Untersuchung bevor.

10 Euch also, ihr Fürsten, gelten meine Worte, damit ihr Weisheit lernt und euch nicht vergeht.

11 Denn die, welche das Heilige heilig

beobachten, werden selbst geheiligt werden, und die darin Belehrung erhalten haben, werden Rechtfertigung (oder Freisprechung) erlangen.

12 So seid also begierig nach meinem Unterricht, tragt Verlangen danach, so werdet ihr Belehrung gewinnen.

Der hohe Wert der Weisheit und die Möglichkeit ihrer Erlangung

13 Strahlend und unverwelklich ist die Weisheit und läßt sich leicht erschauen von denen, die sie lieben, und leicht finden von denen, die sie suchen;

14 ja, sie kommt denen zuvor, die nach ihr verlangen, um erkannt zu werden.

15 Wer sich früh am Morgen nach ihr aufmacht, braucht sich nicht lange zu mühen, denn er findet sie schon an seiner Tür sitzend.

16 Denn sich in Gedenken mit ihr beschäftigen ist der Höhepunkt der

Einsicht, und wer um ihretwillen wacht, wird bald frei von Sorgen sein.
17 Denn sie selbst geht umher und sucht die ihrer Würdigen auf; sie erscheint ihnen bereitwillig auf allen ihren Wegen und tritt ihnen bei jedem Gedanken entgegen.
18 Der Anfang zu ihr ist das völlig aufrichtige Verlangen nach Belehrung; Sorge um Belehrung aber ist Liebe zu ihr;
19 Liebe zu ihr aber besteht in der Beobachtung ihrer Gebote; das Festhalten an ihren Geboten aber ist Sicherstellung der Unsterblichkeit;
20 Unsterblichkeit aber bewirkt, daß man Gott nahe ist.
21 So führt also das Verlangen nach Weisheit zur Herrschaft.
22 Also, ihr Beherrscher der Völker: wenn ihr Freude an euren Thronen und Zeptern erleben wollt, so ehrt die Weisheit, damit ihr die Herrschaft für immer behaltet.
23 Was aber die Weisheit ist und wie sie entstanden ist, will ich verkünden und nicht Geheimnisse vor euch verbergen, sondern vom Anfang der Schöpfung an

will ich nachforschen und ihre Kenntnis offen darlegen, ohne an der Wahrheit vorbeizugehen.

24 Auch will ich nicht im Bunde mit dem hagern Neide kommen, denn dieser hat mit der Weisheit nichts gemein.

25 Eine große Anzahl von Weisen ist aber ein Glück für die Welt, und ein verständiger König ist ein Segen für das Volk.

26 Darum laßt euch durch meine Worte unterweisen: das wird euch Nutzen bringen.

2. Salomo schildert, wie er zum Besitz der Weisheit gelangt sei und was er an ihr habe

7. Kapitel

Der Weisheit Vortrefflichkeit

1 Auch ich bin zwar ein sterblicher Mensch, gleich allen anderen, und ein

Abkömmling des erdgeborenen Ersterschaffenen;
2 dem Körper nach bin ich im Schoße meiner Mutter in zehnmonatlicher Frist gebildet, zusammengeronnen im Blut aus Mannessamen und der im Beischlaf sich zugesellenden Lust.
3 Auch ich sog nach meiner Geburt die allen gemeinsame Luft ein und fiel auf die Erde, wie das alle Kinder tun, indem ich den ersten Schrei auf die allen gleiche Weise weinend ausstieß;
4 in Windeln wurde ich aufgezogen und unter Sorgen.
5 Denn kein König hat einen andern Anfang seines Daseins gehabt: nein,
6 alle treten in gleicher Weise ins Leben ein und aus dem Leben hinaus.
7 Darum betete ich, da wurde mir Einsicht verliehen; ich rief Gott an, da zog der Geist der Weisheit in mich ein.
8 Ich schätzte sie höher als Zepter und Thron und achtete den Reichtum für nichts im Vergleich mit ihr;
9 keinen noch so unschätzbaren Edelstein stellte ich ihr gleich; denn alles Gold ist neben ihr nur ein bißchen Sand,

und Silber wird im Vergleich mit ihr als Unrat angesehen.
10 Mehr als Gesundheit und Schönheit liebte ich sie und zog ihren Besitz sogar dem Lichte vor, weil die von ihr ausgehende Helligkeit nie erlischt.
11 Es kamen aber zugleich mit ihr alle anderen Güter in meinen Besitz, und ungezählten Reichtum brachte sie mit.
12 Ich freute mich aber aller dieser Dinge, weil die Weisheit ihre Führerin ist; ich wußte aber noch nicht, daß sie auch die Erzeugerin von ihnen allen ist.

Der unerschöpfliche Inhalt der empfangenen Weisheit

13 Ohne Hintergedanken habe ich sie kennen gelernt, und ohne Neid mache ich jetzt Mitteilung davon; ich will ihren Reichtum nicht für mich zurückbehalten;
14 denn ein unerschöpflicher Schatz ist sie für die Menschen; alle, die ihn benutzen, verwenden ihn dazu,

Freundschaft mit Gott zu schließen, dem sie sich durch die aus der Zucht stammenden Gaben empfohlen haben.

15 Mir aber möge Gott verleihen, nach meinem Wunsche (oder der Einsicht gemäß?) zu reden und Erwägungen anzustellen, die der mir verliehenen Gabe würdig sind; denn er ist ebensowohl der Führer zur Weisheit als auch der Wegweiser (Lenker) der Weisen.

16 In seiner Hand sind ja sowohl wir als auch unsere Worte und jegliche Einsicht und jedes Geschick für geschäftliche Leistungen.

17 So hat er denn auch mir ein untrügliches Wissen von den Dingen verliehen, so daß ich mich auf den Bau der Welt und auf die Kraft der Elemente verstehe,

18 auf den Anfang und das Ende und die Mitte der Zeiten, auf den Wandel der Sonnenwenden und den Wechsel der Jahreszeiten,

19 auf den Kreislauf der Jahre und die Stellungen der Gestirne,

20 auf die verschiedenartige Natur der

Tiere und die wilden Triebe der Raubtiere, auf die gewaltigen Kräfte der Geister und die Gedanken der Menschen, auf die Verschiedenheiten der Pflanzen und die Heilkräfte der Wurzeln.
21 Alles, was verborgen und offenbar ist, habe ich kennen gelernt; denn die Künstlerin von allen hat es mich gelehrt, die Weisheit.

Die Eigenschaften und Wirkungen der göttlichen Weisheit

22 Denn in ihr wohnt ein Geist: denkend, heilig, eigenartig, vielteilig, fein, beweglich, durchsichtig, unbefleckbar, klar, unverletzlich, das Gute liebend, scharfsinnig, nicht zu hemmen, wohltätig, menschenfreundlich,
23 fest ohne Fehl, sorgenfrei, allgewaltig, alles übersehend und alle denkenden, reinen und feinen Geister durchdringend.
24 Denn die Weisheit ist beweglicher als alles andere, was sich bewegt; sie dringt

und geht durch alles hindurch vermöge ihrer Reinheit.
25 Denn sie ist ein Hauch der Kraft Gottes und ein lauterer Ausfluß aus der Herrlichkeit des Allmächtigen; darum gerät auch nichts Beflecktes in sie hinein.
26 Denn sie ist ein Abglanz des ewigen Lichts und ein fleckenloser Spiegel des göttlichen Wirkens und ein Abbild seiner Güte.
27 Obgleich sie nur eine ist, vermag sie doch alles, und obgleich sie immer dieselbe bleibt, erneuert sie doch alles; und indem sie von Geschlecht zu Geschlecht in heilige Seelen eingeht, rüstet sie diese zu Gottesfreunden und Propheten aus.
28 Denn nichts liebt Gott als den, der mit der Weisheit in vertrauter Gemeinschaft lebt.
29 Denn sie ist herrlicher als die Sonne und übertrifft jegliche feste Stellung der Gestirne und, mit dem Lichte verglichen, stellt sie sich als vorzüglicher heraus;
30 denn auf dieses folgt die Nacht, aber gegen die Weisheit vermag die Bosheit nichts.

8. Kapitel

Der Weisheit Nutzen und Frommen

1 Sie erstreckt sich aber machtvoll von dem einen Ende zum andern und ordnet alles in der Welt vortrefflich.

3. Salomo bezeugt nach seiner Erfahrung die Unentbehrlichkeit der Weisheit (bsd. für den Herrscher)

a) Die hohen Vorzüge der göttlichen Weisheit

2 Diese habe ich geliebt und erstrebt von meiner Jugend an; ich wünschte sehnlich, sie als meine Braut heimzuführen, und war in ihre Schönheit verliebt.
3 Ihren edlen Ursprung verherrlicht sie dadurch, daß sie mit Gott zusammenlebt, und auch der Gebieter des Alls hat sie liebgewonnen;
4 denn sie ist in Gottes Wissen

eingeweiht und nimmt teil an seinem Wirken.

5 Wenn aber Reichtum ein wünschenswerter Besitz im Leben ist, was kann es da Reicheres geben als die Weisheit, die alles erschafft?

6 Und wenn schon die Klugheit etwas zustande bringt, wo gibt es da in der ganzen Welt einen tüchtigeren Werkmeister als sie?

7 Und wenn jemand die Gerechtigkeit liebt, so ist sie es, welche die Tugenden hervorbringt; denn Maßhalten und Klugheit lehrt sie, Gerechtigkeit und Tapferkeit (Mannhaftigkeit), die nützlichsten Besitztümer, die es für die Menschen in ihrem Leben gibt.

8 Wenn ferner jemand Verlangen nach reicher Lebenserfahrung trägt, so ist sie es, die das Vergangene kennt und das Zukünftige erschließt; sie versteht sich auch auf künstlich geformte Aussprüche und auf die Lösung von Rätseln; Zeichen und Wunder erkennt sie im voraus und ebenso die Ausgänge der Zeiten und Zeiträume.

b) Der hohe Wert der Weisheit für das öffentliche und häusliche Leben der Herrscher

9 So beschloß ich denn, diese als Lebensgenossin heimzuführen; ich wußte ja, daß sie mir im Glück eine Beraterin sein würde und eine Trösterin in Sorgen und Kümmernissen.

10 Um ihretwillen werde ich Ruhm bei der großen Menge haben und, obschon noch ein junger Mann, Ehre bei den Alten.

11 Als scharfsinnig werde ich erfunden werden bei der Rechtsprechung und Bewunderung ernten durch die Beurteilung der (fremden) Herrscher.

12 Wenn ich schweige, wird man auf mich warten, und wenn ich rede, wird man aufhorchen, und wenn ich länger rede, werden alle die Hand auf ihren Mund legen.

13 Durch ihr Verdienst werde ich Unsterblichkeit erlangen und ein ewiges

Andenken bei der Nachwelt hinterlassen.
14 Völker werde ich regieren, und
Völkerschaften werden mir untertan sein;
15 schreckliche Gewaltherrscher
werden in Furcht geraten, wenn sie von
mir hören; bei der großen Menge werde
ich als gütig gelten und im Kriege als
tapfer.
16 Bin ich nach Hause gekommen, so
werde ich Erholung bei ihr finden; denn
der Verkehr mit ihr hat nichts Bitteres und
das Zusammenleben mit ihr nichts
Betrübendes, sondern nur Frohsinn und
Freude.

c) Salomo beschließt, die Weisheit zu seiner Lebensgefährtin zu machen

17 Dieses bei mir bedenkend und in
meinem Herzen erwägend, daß nämlich
Unsterblichkeit durch das Zusammen-
leben mit der Weisheit gewonnen wird
18 und edle Ergötzung durch die
Freundschaft mit ihr und durch ihr

erfolgreiches Wirken ein unerschöpflicher Reichtum und durch die dauernde Pflege des Verkehrs mit ihr Einsicht und durch die Teilnahme an ihren Unterweisungen Berühmtheit: – da ging ich umher und suchte sie in meinen Besitz zu bringen.
19 Ich war aber ein wohlbeanlagter junger Mann, besaß auch ein gutes Gemüt,
20 oder vielmehr, weil ich gutgeartet war, war ich in einen unbefleckten Leib gekommen.
21 Da ich aber erkannte, daß ich nur dann in ihren Besitz gelangen würde, wenn Gott sie mir verliehe, – und zwar war das schon ein Beweis von Einsicht, daß ich erkannte, von wem diese Gnadengabe komme, – da wandte ich mich an den Herrn und betete zu ihm und sprach aus ganzem Herzen:

9. Kapitel

Gebet zu Gott um Weisheit

1 Du Gott meiner Väter und Herr der Barmherzigkeit, der du das All durch dein Wort geschaffen
2 und durch deine Weisheit den Menschen gebildet hast, damit er über die von dir erschaffenen Geschöpfe herrsche
3 und die Welt regiere mit Heiligkeit und Gerechtigkeit und in Lauterkeit des Herzens Gericht halte (die Herrschaft ausübe):
4 verleihe mir die Weisheit, die Beisitzerin deines Thrones, und schließe mich nicht aus der Zahl deiner Kinder aus.
5 Denn ich bin dein Knecht und der Sohn deiner Magd, ein schwacher Mensch von kurzer Lebensdauer und wenig tüchtig an Einsicht für Rechtspflege und Gesetzeskenntnis.
6 Denn wäre jemand auch vollkommen unter den Menschenkindern, so müßte er doch, wenn ihm die von dir ausgehende

Weisheit abginge, für nichts geachtet werden.
7 Du hast mich zum König deines Volkes auserwählt und zum Richter über deine Söhne und Töchter.
8 Du hast mir geboten, einen Tempel auf deinem heiligen Berge zu erbauen und einen Altar in der Stadt, wo du deine Wohnung hast, ein Abbild des heiligen Zeltes, das du von Anfang an zuvorbereitet hast.
9 Bei dir ist ja die Weisheit, die deine Werke kennt und die zugegen war, als du die Welt schufst, und die weiß, was in deinen Augen wohlgefällig und was recht ist nach deinen Geboten.
10 Entsende sie aus deinem heiligen Himmel und schicke sie vom Thron deiner Herrlichkeit, damit sie mir bei meiner Arbeit Beistand leiste und ich erkenne, was dir wohlgefällig ist.
11 Denn sie weiß und versteht alles und wird mich bei meinen Unternehmungen mit Besonnenheit leiten und mich durch ihren Lichtglanz behüten.
12 Alsdann wird mein ganzes Tun wohl aufgenommen werden, und ich werde

dein Volk mit Gerechtigkeit regieren und des Thrones meines Vaters würdig sein.
13 Denn wo ist ein Mensch, der den Willen Gottes zu erkennen vermöchte, oder wer wird ergründen, was der Herr verlangt?
14 Denn die Gedanken der Sterblichen sind unsicher und unsere Anschläge trügerisch;
15 denn der vergängliche Leib beschwert die Seele, und die irdische Behausung belastet den denkeifrigen Geist.
16 Kaum erraten wir, was auf der Erde ist, und nur mit Mühe machen wir ausfindig, was handgreiflich vor uns liegt: wer aber hat die himmlischen Dinge ergründet?
17 Und wer hat deinen Ratschluß erkannt, wenn du ihm nicht Weisheit verliehen und ihm deinen heiligen Geist von obenher gesandt hast?
18 Nur auf diese Weise werden die Pfade der Erdenbewohner gerade gerichtet und die Menschen über das dir Wohlgefällige belehrt; ja, nur durch die Weisheit werden sie gerettet.

III. Dritter Teil:
Lob der Weisheit auf Grund ihres wunderbaren Wirkens in Israels Geschichte

1. Das Walten der Weisheit in den Geschicken der Erzväter (von Adam bis Joseph)

10. Kapitel

Die Geschichte lehrt, dass der Besitz der Weisheit glücklich, der Mangel an Weisheit unglücklich macht.

1 Sie ist es gewesen, die den erstgeschaffenen Vater der Menschheit, als er noch allein geschaffen war, behütet und ihn aus seinem Fall wieder errettet hat;
2 sie verlieh ihm auch die Kraft, sich alles untertan zu machen.
3 Als aber der Gottlose in seinem Zorn von ihr abfiel, ging er durch seine

brudermörderische Leidenschaft mit zugrunde.
4 Die um seinetwillen überflutete Erde rettete wiederum die Weisheit, indem sie den Gerechten vermittelst eines geringen Holzes (durch die Flut) hindurchsteuerte.
5 Sie war es auch, die, als die Völker sich einmütig in Verworfenheit zusammengetan hatten, den Gerechten ausfindig machte und ihn unsträflich vor Gott bewahrte und ihn trotz seiner herzlichen Liebe zu seinem Sohn stark erhielt.
6 Sie rettete beim Untergang der Gottlosen den Gerechten, als er vor dem Feuer floh, das auf die fünf Städte herabfiel,
7 für deren Bosheit noch jetzt als Zeugen da sind die verödete, stets rauchende Landschaft und Pflanzen, die vor der Zeit unreife Früchte tragen, und die Salzsäule, die als Denkmal einer ungläubigen Seele dasteht.
8 Denn da sie an der Weisheit vorübergingen, erlitten sie nicht nur dadurch Schaden, daß sie das Gute nicht mehr kannten, sondern sie hinterließen

auch der Nachwelt ein Denkmal ihrer Torheit, damit ihre Verfehlungen nicht verborgen bleiben könnten.
9 Die Weisheit aber hat die, welche ihr dienten, aus den Notlagen errettet.
10 Sie hat den Gerechten, der vor dem Zorn seines Bruders floh, auf ebenen Pfaden geleitet; sie zeigte ihm das Reich Gottes und gab ihm Kenntnis von den heiligen Dingen, verschaffte ihm Wohlstand unter mühseligen Dienstleistungen und lohnte seine Arbeit reichlich.
11 Bei der Habgier seiner Bedränger stand sie ihm bei und ließ ihn reich werden;
12 sie beschützte ihn vor seinen Feinden und stellte ihn sicher gegen die, welche ihm nachstellten; sie verlieh ihm den Sieg in dem schweren Kampfe, damit er zu der Erkenntnis käme, daß die Gottesfurcht stärker ist als alles andere.
13 Sie verließ den Gerechten auch nicht, als man ihn verkauft hatte, sondern bewahrte ihn vor der Sünde;
14 sie stieg mit ihm in die Zisterne (oder ins Gefängnis?) hinab und verließ ihn

nicht in Fesseln, bis sie ihm das königliche Zepter verschafft hatte und die Herrschaft über seine Bedränger und seine Verleumder als Lügner erwiesen und ihm ewigen Ruhm verliehen hatte.

[Sie stieg mit ihm hinab in die Grube und verließ ihn nicht, als er in Fesseln lag, bis sie ihm das Zepter des Königreichs brachte und Macht über seine Peiniger; sie erwies die als Lügner, die ihn geschmäht hatten, und gab ihm ewige Herrlichkeit. (8)]

2. Israels weisheitsvolle Führung unter Mose und das unheilvolle Geschick der von der Weisheit verlassenen Ägypter

a) Mose als Befreier des Gottesvolkes aus der ägyptischen Knechtschaft

15 Sie war es, die das heilige Volk und das untadlige Geschlecht von dem Volksstamm der Bedränger befreite;
16 sie zog ein in die Seele des Dieners

des Herrn und trat gegen furchtbare Könige mit Zeichen und Wundern auf.

17 Sie verschaffte den Heiligen den Lohn für ihre Mühen, geleitete sie auf wunderbaren Wegen und diente ihnen am Tage als Schirmdecke und bei Nacht als Sternenleuchte.

18 Sie brachte sie durch das Rote Meer und führte sie durch die gewaltige Wasserflut;

19 ihre Feinde aber ließ sie in die Wogen versinken und schleuderte sie dann aus der Tiefe des Meeresgrundes wieder ans Land empor.

20 So geschah es denn, daß die Gerechten den Gottlosen die Waffen abnahmen und deinem heiligen Namen, o Herr, lobsangen und einmütig deine schirmende Hand priesen;

21 denn die Weisheit öffnete den Stummen den Mund und machte die Zungen der Unmündigen helltönend.

11. Kapitel

Wasser als Strafe und Wohltat

1 Sie ließ ihre Unternehmungen gelingen unter der Leitung des heiligen Propheten.

b) Gottes segensreiche Führung der Israeliten in der Wüste im Gegensatz zu seinem strengen und doch schonenden Strafgericht an den Ägyptern

2 Sie durchwanderten eine unbewohnte Wüste und schlugen ihre Zelte an unwegsamen Orten auf;
3 sie hatten mit Feinden zu kämpfen und Angreifer zurückzuschlagen.
4 Sie litten Durst: da riefen sie dich an, und es wurde ihnen Wasser gegeben aus schroffen Felsen und Linderung ihres Durstes aus hartem Gestein.
5 Denn das, wodurch ihre Feinde gestraft worden waren, ebendasselbe

empfingen sie in ihrer Not als eine
Wohltat.
6 Anstatt des immerfließenden
Quellwassers des durch Mordblut
getrübten Stromes,
7 zur Strafe für die Anordnung des
Kindermordes, gabst du ihnen unverhofft
Trinkwasser in Fülle,
8 indem du ihnen durch ihren damaligen
Durst zeigtest, wie du ihre Widersacher
gestraft hattest.
9 Denn als sie so geprüft wurden –
obgleich sie doch nur gelinde gezüchtigt
wurden – konnten sie erkennen, wie die
im Zorn gerichteten Gottlosen bestraft
wurden.
10 Denn sie hast du wie ein Vater
geprüft, der warnen will, jene aber hast
du gezüchtigt wie ein strenger König, der
das Verdammungsurteil ausspricht.
11 Sowohl fern von ihnen, wie nahe bei
ihnen wurden sie in gleicher Weise
geplagt;
12 denn eine zwiefache Trauer ergriff sie
und ein Seufzen bei der Erinnerung an
das, was vergangen war.
13 Denn als sie vernahmen, daß durch

ihre Züchtigungen jenen eine Wohltat zuteil geworden war, merkten sie das Walten des Herrn;
14 denn ihn, den sie einst bei der Aussetzung weggeworfen und mit Hohn verworfen hatten, mußten sie am Ende seiner Erfolge bewundern, nachdem sie einen ganz andern Durst erlitten hatten als die Gerechten.
15 Zur Vergeltung für die unverständigen Gedanken ihrer Gottlosigkeit, durch die sie in ihrem Irrwahn vernunftloses Gewürm und elendes Getier verehrten, sandtest du ihnen, um sie zu strafen, eine Menge vernunftloser Tiere,
16 damit sie zu der Erkenntnis kämen, daß, wodurch man sich verfehlt, man eben dadurch auch gestraft wird.
17 Deine allmächtige Hand, welche die Welt aus ungeformtem Stoffe geschaffen hat, wäre ja wohl stark genug gewesen, eine Menge von Bären oder wilden Löwen gegen sie zu senden
18 oder auch neugeschaffene, wuterfüllte, unbekannte Bestien, die entweder einen feuerspeienden Atem

aushauchten oder stinkenden Qualm ausstießen oder schreckliche Funken aus den Augen sprühten,
19 von denen nicht nur der Gifthauch sie vernichten, sondern deren bloßer Anblick sie durch Schrecken ums Leben bringen konnte.
20 Ja, abgesehen hiervon hätten sie durch einen einzigen Hauch hinsinken können, von deiner Rache verfolgt und vom Hauche deiner Macht zerstreut; aber du hast alles nach Maß, Zahl und Gewicht geordnet.
21 Denn deine gewaltige Macht zu betätigen steht dir allezeit zu Gebote, und wer vermöchte der Kraft deines Armes zu widerstehen?
22 Denn wie ein Stäubchen an der Waage ist die ganze Welt dir gegenüber und wie ein Tautröpfchen, das am Morgen auf die Erde fällt.
23 Aber du erbarmst dich aller, weil du alles vermagst, und läßt die Sünden der Menschen unbeachtet, damit sie sich bekehren;
24 denn du liebst alles, was da ist, und fühlst keinen Widerwillen gegen irgend

etwas von dir Geschaffenes; denn hegtest du Haß gegen irgend etwas, so hättest du es nicht geschaffen.

25 Wie hätte aber etwas bestehen bleiben können, wenn du es nicht gewollt hättest? oder wie wäre etwas erhalten geblieben, wenn es nicht von dir ins Dasein gerufen wäre?

26 Du verfährst aber schonungsvoll gegen alles, weil es dein Eigentum ist, o Herr, du Freund alles Lebens;

12. Kapitel

Preis göttlicher Langmut und Gerechtigkeit

1 denn dein unvergänglicher Geist ist in allen.

c) Gott als langmütiger Strafrichter erwiesen (bsd. am Beispiel der alten Kanaaniter)

2 Darum strafst du die Fehlenden mit

Milde (oder allmählich?) und warnst sie, indem du ihnen ihre Sünden vorhältst, damit sie sich von ihrer Schlechtigkeit frei machen und an dich glauben, o Herr.

3 Denn du haßtest zwar die alten Bewohner deines heiligen Landes,

4 weil sie die abscheulichsten Werke der Zauberei trieben und frevelhafte Götterdienste feierten

5 und mitleidlose Kindermorde vollzogen und Opferschmäuse von Menschenfleisch und Blut hielten und sich in gräuelvolle Vereine einweihen ließen [weil sie ihre Kinder erbarmungslos töteten, weil sie Blut und menschliche Eingeweide in ihren Gastmählern aßen – sie, die zum geheimen Opfermahl zusammenkamen (9)]

6 und Eltern unter sich hatten, die mit eigener Hand Mörder hilfloser Kinderseelen waren, und hattest beschlossen, sie durch die Hände unserer Väter auszurotten,

7 damit das bei dir vor allen andern hochgeehrte Land eine der Gotteskinder würdige Bevölkerung erhielte.

8 Aber du bist auch mit diesen schonend

verfahren, weil sie Menschen waren, und hast als Vortruppen deines Heeres Hornissen entsandt, die sie nach und nach vernichten sollten.

9 Und dabei wärest du doch stark genug gewesen, die Gottlosen in einer Schlacht den Gerechten in die Hände zu geben oder sie durch wilde Tiere oder durch ein kurzes Wort mit einem Schlage zu vernichten.

10 Aber indem du das Gericht nach und nach vollzogst, gabst du ihnen die Möglichkeit der Umkehr, obgleich du wohl wußtest, daß ihr Ursprung böse war und ihre Verworfenheit angeboren und daß ihre Sinnesart sich in Ewigkeit nicht ändern würde;

11 denn ein verfluchtes Geschlecht waren sie von Anfang an. Auch gewährtest du ihnen nicht etwa aus Scheu vor irgend jemandem Straflosigkeit für ihre Sünden;

12 denn wer darf zu dir sagen: 'Was hast du da getan?' oder wer darf deinem Richterspruch entgegentreten? und wer will dich verklagen wegen der Vertilgung von Völkern, die du geschaffen hast?

oder wer wollte gegen dich als Verteidiger gottloser Menschen auftreten?
13 Denn weder gibt es außer dir einen Gott, der für alles sorgt, so daß du ihm die Gerechtigkeit deines Gerichts nachweisen müßtest,
14 noch wird ein König oder Gebieter dir Vorhalt zu machen vermögen wegen derer, die du Strafe hast leiden lassen.
15 Da du aber gerecht bist, ordnest du auch alles mit Gerechtigkeit und hältst es für unvereinbar mit deiner Macht, jemand zu verurteilen, der keine Bestrafung verdient.
16 Denn deine Macht ist der Grund deiner Gerechtigkeit, und der Umstand, daß du der Herr aller bist, ist die Ursache, daß du gegen alle schonend verfährst.
17 Denn Stärke zeigst du nur dann, wenn man an der Vollkommenheit deiner Macht zweifelt, und bei denen, die sie kennen, strafst du den frevlen Trotz.
18 Du aber, obschon über Stärke gebietend, richtest doch mit Milde und herrschest über uns mit großer

Schonung; denn sooft du willst, steht dir auch das Können zu Gebote.

Was sollen die Israeliten aus diesen Beweisen göttlicher Langmut lernen?

19 Durch eine solche Handlungsweise hast du dein Volk darauf hingewiesen, daß der Gerechte ein Menschenfreund sein muß, und hast deine Söhne mit der frohen Hoffnung erfüllt, daß du ihnen nach Versündigung Reue gestattest.
20 Denn wenn du schon die Feinde deiner Kinder und solche, die den Tod verdient hatten, mit solcher Nachsicht und Schonung bestraft hast, indem du ihnen Zeit und die Möglichkeit gewährtest, sich von ihrer Verworfenheit frei zu machen,
21 mit wie großer Achtsamkeit hast du da erst deine Söhne gerichtet, deren Vätern du Eidschwüre und Bündnisse mit herrlichen Verheißungen gewährt hast!

Übergang von dem törichten Tierkultus der Ägypter zu der Torheit des Götzendienstes überhaupt

schwere Stragen nach vergeblicher Warnung

22 Während du uns also züchtigst, geißelst du unsere Feinde tausendmal härter, damit, wenn wir selbst richten, wir deine Güte bedenken und, wenn wir gerichtet werden, auf Erbarmen hoffen.
23 Daher hast du auch die in der Torheit ihrer Lebensführung dahinlebenden Gottlosen durch ihre eigenen Gräuel gestraft.
24 Denn sie waren auf den Wegen des Irrwahns ungebührlich weit abgeirrt, indem sie Tiere, die sogar von ihren Feinden verachtet wurden, für Götter hielten, weil sie nach Art einfältiger Kinder getäuscht waren.
25 Darum hast du über sie auch wie

über törichte Kinder eine Strafe verhängt, die ihnen Hohn einbrachte.

26 Diejenigen aber, welche sich durch eine verhöhnende Strafe nicht haben warnen lassen, müssen ein Gericht erfahren, das Gottes würdig ist.

27 Denn durch eben die, über welche sie in ihrem Mißgeschick unwillig waren, durch eben die, welche sie für Götter hielten, gezüchtigt, erkannten sie deutlich, daß der Gott der wahre sei, den sie vorher nicht hatten anerkennen wollen. Darum kam auch das Äußerste der Bestrafung über sie.

3. Die Torheit des Götzendienstes

a) Des Götzendienstes edlere Form, bestehend in Anbetung der Naturkräfte und der Werke der Schöpfung

13. Kapitel

Anbetung der Elemente

1 Toren nämlich von Natur waren alle Menschen, die an Unkenntnis Gottes litten und nicht imstande waren, aus dem sichtbaren Guten den Seienden zu erkennen, und die bei der Betrachtung der Werke den Werkmeister nicht wahrnahmen,
2 sondern sei es das Feuer oder den Wind oder die flüchtige Luft oder den Kreis der Sterne oder das gewaltige Wasser oder die beiden großen Himmelsleuchten für weltregierende Götter hielten.
3 Wenn sie, durch die Schönheit dieser Dinge ergötzt, sie für Götter ansahen, so hätten sie einsehen sollen, um wieviel höher deren Gebieter dasteht; denn der Urheber aller Schönheit ist es ja, der sie geschaffen hat.
4 Und wenn sie durch deren Kraft und Wirksamkeit in Staunen versetzt waren, so hätten sie daraus einsehen müssen,

um wie viel mächtiger noch der Schöpfer
dieser Dinge sei;
5 denn aus der Größe und Schönheit der
geschaffenen Werke wird vergleichs-
weise auch ihr Schöpfer wahrgenommen.
6 Aber gleichwohl trifft diese nur ein
geringer Tadel, insofern sie vielleicht nur
irre gehen, während sie doch Gott
wirklich suchen und ihn finden möchten.
7 Denn indem sie sich mit seinen
Werken beschäftigen, durchforschen sie
diese, lassen sich aber durch den Anblick
beeinflussen, weil ja das, was sie sehen,
so schön ist.
8 Trotzdem sind auch sie nicht zu
entschuldigen;
9 denn wenn sie imstande waren, in
ihrem Wissen dahin zu gelangen, daß sie
die Welt zu durchforschen vermochten, –
wie kam es denn, daß sie nicht viel
schneller noch den Herrn dieser Dinge
ausfindig machten?

b) Die wahre Form des Götzendienstes oder die Bilderdienerei

10 Beklagenswert aber – sie setzen ja ihre Hoffnung auf leblose Gegenstände – sind die, welche Werke von Menschenhand Götter genannt haben, Gold und Silber als Kunsterzeugnisse und Abbilder von Tieren, oder einen unnützen Stein, den eine Hand der Vorzeit geformt hat.

11 Oder wenn ein Holzschnitzer einen tauglichen Block von einem Baume abgesägt hat und dann sachkundig die ganze Rinde davon abgeschält und in kunstgerechter Bearbeitung ein brauchbares Gerät zur Benutzung im täglichen Gebrauch daraus angefertigt,

12 dann die Abfälle seiner Arbeit zur Zubereitung seiner Speisen verwandt und sich satt gegessen hat:

13 dann nimmt er das Stück, das noch übriggeblieben und zu nichts mehr tauglich ist, ein krummes und mit Knoten

durchwachsenes Holzstück, schnitzt sorgfältig daran in seinen Mußestunden, gestaltet es mit einsichtsvollem Kunstgeschick und gibt ihm die Gestalt eines Menschen
14 oder macht es einem gemeinen Tiere ähnlich; hierauf bestreicht er es mit Mennig, färbt seine Haut mit Schminke rot und übermalt jeden Flecken an ihm.
15 Nachdem er ihm dann eine seiner würdige Behausung geschaffen hat, stellt er es an der Wand auf und befestigt es mit Eisen;
16 er sorgt selbstverständlich dafür, daß es nicht umfalle, weil er wohl weiß, daß es sich nicht selbst helfen kann: es ist ja nur ein Bild und bedarf fremder Hilfe.
17 Er betet dann aber zu ihm für sein Hab und Gut, für seine Weiber und Kinder und schämt sich nicht, das leblose Bild anzureden;
18 er ruft das Kraftlose wegen seiner Leibesstärke an, bittet das Tote um sein Leben; um Hilfe fleht er das an, was gar keinen Rat zu geben vermag, verlangt Schutz für die Reise von dem, was seine eigenen Füße nicht gebrauchen kann;

19 für sein Geschäft, seine Arbeit und Hantierung erbittet er sich Kraft von dem, dessen Hände völlig kraftlos sind.

c) Fortsetzung:
Das Fluchwürdige des Götzendienstes

14. Kapitel

Fortsetzung

1 Wiederum, wenn einer eine Seefahrt unternimmt und durch die wilden Fluten zu fahren gedenkt, ruft er ein Stück Holz an, das gebrechlicher ist, als das Fahrzeug, das ihn trägt.
2 Zwar hat die Gewinnsucht dieses ersonnen und der Baumeister es mit seiner Kunst hergestellt;
3 aber deine Fürsorge, o Vater, ist es, die es hindurchsteuert; denn du hast auch im Meer einen Weg geschaffen und in den Fluten einen sicheren Pfad;
4 du wolltest eben zeigen, daß du aus

jeder Lage retten kannst, damit man ein Schiff besteige, auch ohne ein kundiger Seemann zu sein.

5 Du willst aber, daß die Werke deiner Weisheit nicht unbenutzt bleiben; darum vertrauen die Menschen auch einem ganz geringen Holze ihr Leben an und werden gerettet, wenn sie die Wogen auf einem Floß durchfahren.

6 Denn auch im Anfang (in der Vorzeit), als die übermütigen Riesen umkamen, ist auch die Hoffnung der Welt in der Arche glücklich entronnen und hat der Folgezeit den Samen eines neuen Geschlechts hinterlassen, da deine Hand die Fahrt lenkte;

7 denn gesegnet ist das Holz, durch welches Gerechtigkeit (gewirkt) wird.

8 Dagegen jedes von Menschenhand gefertigte Götzenbild ist verflucht und ebenso auch der, welcher es angefertigt hat, weil er es gearbeitet, das vergängliche Werk aber den Namen Gottes erhalten hat;

9 denn in gleicher Weise sind sie beide gottverhaßt, der Gottlose und sein gottloses Werk;

10 denn das Werk wird mit dem Verfertiger zugleich gestraft.

11 Deshalb wird auch an den Götzenbildern der Heiden ein Strafgericht stattfinden, weil sie in der Schöpfung Gottes zu Gräueln geworden sind und zum Ärgernis für die Seelen der Menschen und zum Fallstrick für die Füße der Unverständigen.

d) Ursprung und verderbliche Wirkungen des Bilderdienstes

12 Denn der Anfang des Abfalls von Gott ist das Ersinnen von Götzenbildern; ihre Erfindung aber hat den Verderb des Lebens herbeigeführt.

13 Denn weder sind sie von Anfang an dagewesen, noch werden sie ewiglich bleiben.

14 Nein, durch den eitlen Wahn der Menschen sind sie in die Welt gekommen, und darum ist auch ein jähes Ende für sie beschlossen worden.

15 Denn ein durch frühzeitige Trauer bekümmerter Vater ließ von seinem allzuschnell dahingerafften Kinde ein Bild anfertigen und ehrte den damals verstorbenen Menschen nunmehr wie einen Gott und ordnete auch für seine Untergebenen einen Geheimdienst und Weihen an.

16 Darauf gewann dann die gottlose Sitte im Laufe der Zeit solche Macht, daß sie wie ein Gesetz beobachtet wurde und die geschnitzten Bilder (der Toten) auf Befehl der Gewalthaber göttlich verehrt wurden.

17 Von solchen nun, welche die Menschen, weil sie weit weg wohnten, nicht unmittelbar durch Anschauen ehren konnten, bildeten sie die Gestalt aus der Ferne nach und stellten sich von dem verehrten Könige ein sichtbares Bild her, um dem Abwesenden, als wäre er gegenwärtig, mit allem Eifer zu huldigen.

18 Zur Steigerung der Verehrung aber trieb dann der Ehrgeiz des Künstlers auch diejenigen an, welche den betreffenden (König) gar nicht kannten.

19 Denn dieser, der dem Herrscher alsbald zu gefallen wünschte, suchte

unter Aufbietung seiner Kunst eine verschönerte Ähnlichkeit darzustellen;
20 der große Haufe aber, durch die Anmut des Kunstwerks hingerissen, hielt nun den vor kurzem noch als Mensch Geehrten für einen Gegenstand der Anbetung.

Schilderung des verderblichen Einflusses des Bilderdienstes auf die Sittlichkeit

21 Dies wurde nun aber für das Leben ein Anlaß zur Sünde, daß nämlich die Menschen, sei es einem Trauerfalle, sei es der Herrschergewalt sich fügend, den Namen, der keinem andern beigelegt werden darf, Bildern von Stein und Holz beilegten.
22 Weiterhin genügte es ihnen nicht mehr, in betreff der Gotteserkenntnis zu irren, sondern, wiewohl sie infolge ihrer Unwissenheit in großem Kampfe lebten, nennen sie doch so schlimme Übel Frieden (Heil, Glück).

[21 Dies wurde zu einer Gefahr für das Leben: Durch ein Unglück getroffen oder weil sie dem Tyrannen dienen mussten, legten die Menschen den Steinen und Hölzern den Namen bei, der keinem andern gebührt.

22 Und dann, als ob es nicht genug wäre, in der Erkenntnis Gottes zu irren, nannten sie solche Übel auch noch Frieden, obwohl sie im Krieg der Unwissenheit lebten. (10)]

23 Denn indem sie bald kindermörderische Weihen (Kinderopfer) oder verborgene Geheimkulte feiern, bald tolle Gelage nach fremden (absonderlichen) Bräuchen veranstalten,

24 bewahren sie weder den Lebenswandel, noch die Ehen rein; nein, einer bringt den andern durch Meuchelmord um oder kränkt ihn durch Ehebruch.

25 Bei allen, ohne Unterschied, herrscht Blutvergießen und Totschlag, Diebstahl und Betrug, Verführung und Treulosigkeit, Aufruhr und Meineid,

26 Beunruhigung der Guten und Undankbarkeit, Befleckung der Seelen

und unnatürlicher Geschlechtsverkehr, Zerrüttung der Ehen, Ehebruch und Unzucht.

27 Denn die Verehrung der namenlosen Götzenbilder [toten Götzen (11)] ist alles Unheils Anfang, Ursache und Ausgang;

28 denn entweder rasen sie in ihren Lustbarkeiten oder weissagen Lügen, oder sie leben in Gottlosigkeit oder schwören ohne Scheu falsche Eide.

29 Denn da sie auf leblose Götzen vertrauen, leben sie in dem Glauben, daß jenen, wenn man falsch schwöre, keine Beleidigung widerfahren sei.

30 Aber für beides wird die gerechte Strafe sie treffen, nämlich dafür, daß sie sich gegen den wahren Gott ablehnend verhalten haben, indem sie sich zu den Götzen hielten, und dafür, daß sie in trügerischer Absicht falsch geschworen haben unter Mißachtung der Frömmigkeit.

31 Denn nicht die Macht der Götter, bei denen man schwört, sondern die den Sündern gebührende Strafe folgt stets der Übertretung der Gottlosen nach.

e) Der hohe Vorzug der israelitischen Gottesverehrung gegenüber der Torheit des Götzendienstes

15. Kapitel

Seligkeit der wahren Erkenntnis Gottes. Weitere Schilderung der blinden Götzendiener.

1 Du aber, unser Gott, bist gütig und wahrhaftig; mit Langmut und Barmherzigkeit regierst du das All.

2 Denn wenn wir auch sündigen, gehören wir doch dir, da wir deine Macht kennen; wir wollen aber nicht sündigen, da wir wissen, daß wir dir zugeteilt sind.

3 Denn dich erkennen ist vollkommene Gerechtigkeit, und deine Macht kennen ist die Wurzel (Grundlage) der Unsterblichkeit.

4 Denn uns hat weder die verderbliche, von Menschen erfundene Kunst irregeführt, noch die unnütze Arbeit der

Maler: eine mit bunten Farben beschmierte Gestalt,
5 deren Anblick die Toren in Leidenschaft versetzt, so daß sie nach der leblosen Gestalt eines toten Bildes sehnsüchtiges Verlangen tragen.

Nochmalige Schilderung der Torheit des Bilderdienstes

6 Liebhaber des Bösen und solcher (der entsprechenden) Hoffnungen würdig sind sowohl ihre Verfertiger als auch die, welche Verlangen nach ihnen tragen und sie anbeten.
7 Der Töpfer nämlich knetet mühsam weichen Ton und formt daraus jeden einzelnen Gegenstand für unseren Gebrauch; aber aus demselben Ton bildet er ebensowohl die Gefäße, die zu reinen Verrichtungen dienen, als auch die zu entgegengesetztem Zweck bestimmten, alle in gleicher Weise; wozu aber ein jedes von diesen beiden Arten

gebraucht werden soll, darüber
entscheidet der Tonarbeiter.
8 Nun bildet er auch mit übel
angewandter Mühe aus dem nämlichen
Ton einen nichtigen Gott, er, der selbst
erst vor kurzem aus Erde gebildet ist und
bald wieder dahin zurückkehren muß,
woher er gekommen ist, wenn nämlich
die Seele, die ihm geliehen worden ist,
von ihm zurückgefordert wird.
9 Doch darüber macht er sich keine
Sorge, daß er bald abscheiden muß und
nur ein kurzes Leben vor sich hat; nein, er
will es den Goldarbeitern und Silber-
schmieden gleichtun und ahmt den
Erzgießern nach und bildet sich etwas
darauf ein, daß er Trugbilder fertigt.
10 Asche ist sein Erz und seine Hoffnung
geringwertiger als Staub und sein Leben
wertloser als sein Ton;
11 er hat ja den nicht erkannt, der ihn
selbst gebildet und ihm die schaffende
Seele eingehaucht und ihm den
Lebensodem eingeblasen hat.
12 Er hat vielmehr unser Dasein nur als
ein Spiel angesehen und unser Leben als
einen gewinnbringenden Jahrmarkt;

denn, sagt er, man müsse doch etwas zu verdienen suchen, woher es auch komme, selbst von etwas Schlechtem.

13 Ein solcher Mensch weiß ja doch besser als jeder andere, daß er Unrecht tut, wenn er aus der Tonmasse leichtzerbrechliche Gefäße und Götterbilder verfertigt.

14 Alle aber sind ganz unverständig und an Einsicht elender als ein unmündiges Kind, die Feinde deines Volkes, die es unterjocht haben,

15 insofern sie auch alle Götzen der Heiden für Götter gehalten haben, [sie aber sind törichter und elender denn ein Kind, nämlich die Feinde deines Volks, welches sie unterdrücken, daß sie allerlei Götzen der Heiden für Götter halten (12)] wiewohl sie weder Augen besitzen, die sie zum Sehen gebrauchen könnten, noch Nasen, um Luft einzuatmen, noch Ohren zum Hören, noch Finger zum Tasten; und ihre Füße sind unbrauchbar zum Gehen.

16 Ein Mensch ist es ja, der sie gemacht hat, und einer, der selbst nur einen geliehenen Odem besitzt, hat sie gebildet; kein Mensch vermag ja einen

auch nur ihm selbst gleichen Gott zu bilden;
17 vielmehr als Sterblicher kann er nur etwas Totes mit seinen gottlosen Händen zustande bringen. Er selbst steht ja höher als die Gegenstände, die er anbetet, insofern er selbst Leben besitzt, jene aber niemals.
18 Aber auch die feindseligsten Tiere betet man an, die doch durch ihre Dummheit, verglichen mit den anderen, noch unter diesen stehen.
19 Auch sind sie nicht schön, daß man Wohlgefallen an ihnen haben könnte, wie das sonst beim Anblick von Tieren der Fall ist. Sie sind aber auch des Lobes Gottes und seines Segens verlustig gegangen.

4. Der Untergang der Ägypter und die Rettung der Israeliten beim Auszug aus Ägypten

a) Verschiedenheit der ägyptischen Tierplagen und der den Israeliten zum Heil gesandten Tiere
Die Froschplage und die Wachteln

16. Kapitel

Strafen, die Gott an den Ägyptern vollzog; Wohltaten, welche er Israel erzeigte.

1 Darum sind sie auch verdientermaßen durch ähnliche Tiere gestraft und durch eine Menge von Ungeziefer heimgesucht worden.
2 Anstatt einer solchen Züchtigung aber erwiesest du deinem Volke eine Wohltat und bereitetest ihnen für ihr lüsternes Verlangen eine wunderbare Kost, nämlich Wachteln als Nahrung,
3 damit jene, wenn sie nach Nahrung verlangten, infolge des widerlichen Aussehens der ihnen zugesandten Tiere auch die natürliche Eßlust sich vergehen ließen, diese dagegen nach einer kurzen

Entbehrung sogar eine ganz wundersame Kost genossen.
4 Denn es sollte über jene, die Unterdrücker, ein unabwendbarer Mangel hereinbrechen, während diesen nur gezeigt werden sollte, wie ihre Feinde heimgesucht wurden.

Die eherne Schlange und die Plage der Heuschrecken und Fliegen

5 Dagegen als auch über sie die schreckliche Wut wilder Tiere kam und sie durch die Bisse der sich ringelnden Schlangen umkamen, dauerte doch dein Zorn nicht ohne Ende;
6 nein, nur auf kurze Zeit wurden sie zur Warnung in Schrecken gesetzt und erhielten ein Zeichen der Rettung zur Erinnerung an die Gebote deines Gesetzes.
7 Denn wer sich dahin wandte, wurde gerettet nicht durch das, was er

anschaute, sondern durch dich, den Retter aller;
8 und dadurch brachtest du auch unsere Feinde zu der Überzeugung, daß du es bist, der aus jeder Not erretten kann.
9 Denn jene tötete der Biß der Heuschrecken und Stechfliegen, und es fand sich kein Heilmittel zur Rettung ihres Lebens, weil sie es verdient hatten, auf diese Weise bestraft zu werden.
10 Deine Kinder dagegen konnten auch die Zähne giftsprühender Schlangen nicht vernichten, denn dein Erbarmen erschien zu ihrer Rettung und heilte sie.
11 Denn nur, damit sie deiner Gebote gedächten, wurden sie gestochen und schnell wieder geheilt, damit sie nicht in tiefes Vergessen verfielen und für deine Wohltaten ganz umempfänglich würden.
12 Denn weder ein Kraut noch ein Pflaster machte sie gesund, sondern dein Wort, o Herr, das alles heilt.
13 Denn du hast Macht über Leben und Tod und führst zu den Pforten der Unterwelt hinab und wieder herauf.
14 Hat ein Mensch dagegen einen andern durch seine Bosheit getötet, so

kann er den Lebensodem, der einmal entflohen ist, nicht wieder zurückbringen und die Seele, die hinweggenommen ist, nicht befreien.

b) Die den Ägyptern gesandte Blitz- und Hagelplage verglichen mit dem den Israeliten gesandten Mannaregen

15 Aber deiner Hand zu entrinnen ist unmöglich.

16 Denn jene Gottlosen, die da leugneten, dich zu kennen, wurden durch die Kraft deines Armes gezüchtigt; sie wurden von furchtbaren Regengüssen, von Hagelschlägen und Gewittern verfolgt und durch Feuer (Blitze) verzehrt.

17 Was aber das Wunderbarste dabei war: durch das Wasser, das doch sonst alles löscht, erhielt das Feuer noch stärkere Kraft; denn die Natur streitet für die Gerechten.

18 Zuweilen zwar ließ die Wut der

Flammen nach, damit sie nicht auch die gegen die Gottlosen gesandten Tiere verzehrte, sondern damit sie selbst zu der klaren Erkenntnis kämen, daß sie von Gottes Strafgericht verfolgt würden.

19 Bisweilen brannte es aber auch mitten im Wasser stärker, als sonst das Feuer brennt, um die Erzeugnisse des sündigen Landes zu verzehren.

20 Dem gegenüber speistest du dein Volk mit Engelkost und botest ihnen vom Himmel herab Brot dar, das ohne ihre Arbeit hergestellt war, das allgemeine Freude hervorrief und dem Geschmack jedes einzelnen zusagte.

21 Denn die von dir gesandte Masse offenbarte deinen Kindern die Süßigkeit (zärtliche Liebe), die du gegen sie hegtest, und indem sie dem Begehren eines jeden, der davon genoß, entgegenkam, verwandelte sie sich in das, was jeder gerade wünschte.

22 Schnee und Eis widerstanden dem Feuer und schmolzen nicht, damit man zu der Erkenntnis käme, daß dasselbe Feuer, welches im Hagel brannte und in

den Regengüssen blitzte und die
Feldfrüchte der Feinde vernichtete,
23 in diesem Falle seine eigene Kraft
vergessen habe, damit die Gerechten
ernährt würden.
24 Denn die Natur, die dir, ihrem
Schöpfer, dient, steigert ihre Kraft zur
Züchtigung wider die Gottlosen und
beruhigt sich wieder, um denen
wohlzutun, die auf dich vertrauen.
25 Darum hat sie auch damals deiner
allnährenden Gabe gedient, indem sie
sich in alles verwandelte, je nach dem
Wunsche derer, die ihrer bedurften;
26 deine Kinder, die du lieb hattest, o
Herr, sollten eben die Erkenntnis
gewinnen, daß nicht die gewachsenen
Feldfrüchte den Menschen ernähren,
sondern daß dein Wort es ist, welches die
auf dich Vertrauenden erhält.
27 Denn was das Feuer nicht hatte
verzehren können, das schmolz ohne
weiteres, wenn ein flüchtiger
Sonnenstrahl es erwärmte,
28 damit es bekannt würde, daß man
schon vor Sonnenaufgang dir danken und

am Morgen schon vor dem Hellwerden vor dir erscheinen (zu dir beten) müsse.
29 Denn die Hoffnung der Undankbaren schmilzt dahin wie winterlicher Reif und zerrinnt wie unbrauchbares Wasser.

c) Gegenüberstellung der von der Finsternisplage heimgesuchten Ägypter und der von der Feuersäule erleuchteten Israeliten

17. Kapitel

Schauervolle Beschreibung der Ägyptischen Finsternis

1 Groß sind deine Gerichte und unerforschlich; darum sind unerleuchtete Seelen in Irrtum verfallen.
2 Denn die Gottlosen, die da gedacht hatten, das heilige Volk in Knechtschaft halten zu können, mußten sich selbst in ihren Häusern einschließen, waren in Finsternis gefangen und von langer Nacht

umstrickt und lagen da, von der ewigen Vorsehung ausgeschlossen.

3 Während sie nämlich wähnten, bei ihren geheimen Sünden verborgen zu sein unter dem dunklen Schleier der Vergessenheit, wurden sie in der Finsternis entsetzlich geängstigt und durch Trugbilder erschreckt.

4 Denn nicht einmal der Winkel, der sie umfing, erhielt sie frei von Furcht; erschreckende Töne wurden ringsum sie laut, und düstere Gestalten mit scheußlichen Gesichtern erschienen ihnen.

5 Keines Feuers Kraft war stark genug, Helligkeit zu schaffen, und auch die strahlenden Lichter der Sterne vermochten jene schaurige Nacht nicht zu erhellen.

6 Es erschien ihnen nur eine selbstentzündete Feuerflamme voller Furchtbarkeit, und durch diesen noch niemals gesehenen Anblick mit Entsetzen erfüllt, hielten sie das Geschaute für noch schlimmer, als es war.

7 Die Gaukeleien ihrer Zauberkunst erwiesen sich als machtlos dagegen, und

die Prüfung ihrer prahlerischen Weisheit fiel schmachvoll für sie aus;
8 denn sie, die da versprachen, die Schrecken und Ängste der kranken Seelen zu bannen, erkrankten selbst an lächerlicher Furcht.
9 Denn auch dann, wenn nichts Furchtbares sie schreckte, wurden sie doch durch das Vorüberkriechen des Gewürms und das Zischen der Schlangen aufgeschreckt und kamen vor Angst um; sie weigerten sich sogar, in die Luft zu schauen, der man sich doch nimmermehr entziehen kann.
10 Denn feige ist die durch ihr eigenes Zeugnis verurteilte Bosheit, und immer vom bösen Gewissen gedrängt, macht sie sich auf das Schlimmste gefaßt.
11 Denn die Furcht ist nichts anderes als ein Preisgeben der von der Überlegung dargebotenen Hilfsmittel;
12 und wenn die Zuversicht im Inneren geschwächt ist, so hält sie die Ratlosigkeit für ein größeres Übel als die Ursache, welche die Qual veranlaßt.
[Denn die Bosheit verrät sich durch ihre Feigheit, und verurteilt sich dadurch

selbst, und vom Gewissen bedrückt, nimmt sie immer schon das Schlimmste an.

Denn Furcht ist nichts anderes, als dass einer sich weigert, sich von seinem Verstand helfen zu lassen.

Wenn aber die Hoffnung im Herzen zu schwach ist, hält man die Ratlosigkeit für schlimmer als die eigentliche Ursache der Plage. (13)]

13 Als jene nun die an und für sich ohnmächtige Nacht, die aus den Tiefen der ebenfalls ohnmächtigen Unterwelt heraufgestiegen war, in dem gewöhnlichen Schlafe zubringen wollten,

14 wurden sie teils durch Gespenstererscheinungen umhergetrieben, teils durch das Aufgeben alles Selbstvertrauens gelähmt: denn eine plötzliche und unerwartete Furcht befiel sie.

15 So wurde also jeder, der sich dort befand, wenn er niederfiel, gefangen gehalten, indem er in einen Kerker ohne Eisenfesseln eingeschlossen war.

16 Mochte jemand ein Ackersmann sein oder ein Hirt oder ein mit mühsamer

Arbeit in der Wüste beschäftigter Tagelöhner: von der Finsternis überrascht, mußte er die unentrinnbare Notlage über sich ergehen lassen; denn alle waren mit der nämlichen Kette der Dunkelheit gefesselt.

17 Ob säuselnder Windhauch es war, oder lieblicher Vogelsang in dichtbelaubten Zweigen, oder das Rauschen des mit Macht daherströmenden Wassers,

18 oder das schauerliche Krachen herabstürzender Felsen, oder das unsichtbare Laufen hüpfender Wesen, oder das Geheul der grausigsten Tiere, oder der aus den Höhlen des Gebirges zurückgeworfene Widerhall: – alle diese Schrecknisse lähmten sie.

19 Denn die ganze übrige Welt erglänzte in strahlendem Licht, und jeder konnte ungehindert seine Geschäfte betreiben;

20 nur über jene war tiefe Nacht ausgebreitet, ein Vorbild der Finsternis, die sie einst aufnehmen sollte; sich selber aber waren sie eine noch drückendere Last, als die Finsternis es war [allein über

diesen stand eine tiefe Nacht, welche war ein Bild der Finsternis, die über sie kommen sollte; aber sie waren sich selbst eine schwerere Last denn die Finsternis (14)].

18. Kapitel

Tod der Erstgeburt der Ägypter;
Schutz und Schonung
des israelitischen Volkes.

1 Deine Heiligen befanden sich unterdessen im hellsten Licht; deren Stimmen hörten die Ägypter wohl, konnten sie aber persönlich nicht sehen; noch priesen sie jene glücklich, daß sie nicht ebenso hatten leiden müssen wie sie selbst.
2 Ja, sie waren dankbar, daß jene, obschon zuerst mißhandelt, ihnen nicht Schaden zugefügt hatten; sie baten sogar um Verzeihung für ihre Feindschaft.
3 Dagegen gabst du ihnen die feuerflammende Säule als Wegführerin auf der Wanderung durch unbekanntes

Land und als unschädliche Sonne für die ruhmvolle Wanderung.

4 Jene dagegen hatten es verdient, des Lichts beraubt zu werden und in der Finsternis gefangen zu sein, weil sie deine Söhne in Gefangenschaft gehalten hatten, durch welche das unvergängliche Licht des Gesetzes der Welt mitgeteilt werden sollte.

d) Gegenüberstellung der durch das Sterben der Erstgeburt dem Tode geweihten Ägypter und der aus dem göttlichen Strafgericht in Kades geretteten Israeliten

5 Weil jene aber beschlossen hatten, die Kinder der Heiligen zu töten, und eins von den Kindern ausgesetzt aber gerettet worden war, so nahmst du zur Strafe ihre Kinder in Menge hinweg und ließest sie alle bis auf den letzten Mann in gewaltiger Wasserflut umkommen.

6 Jene Nacht wurde unseren Vätern im voraus angezeigt, damit sie sicher

wüßten, auf welche Eidschwüre (beschworene Verheißungen) sie ihr Vertrauen setzten und gutes Mutes wären;

7 und so wurde von deinem Volke die Rettung der Gerechten und der Untergang seiner Feinde erwartet;

8 denn wodurch du die Gegner straftest, eben dadurch verherrlichtest du uns, indem du uns zu dir riefst.

9 Denn im Verborgenen brachten die heiligen Söhne trefflicher Eltern (oder des Heils?) ihr Opfer dar und stellten die göttliche Satzung einmütig fest [Denn die heiligen Kinder der Frommen opferten dir im Verborgenen und nahmen einträchtig das göttliche Gesetz an (15)], daß die Heiligen in gleicher Weise an den Gütern und an den Gefahren teilnehmen sollten, nachdem sie zuvor bereits die Lobgesänge ihrer Väter angestimmt hatten.

10 Dagegen erscholl das mißtönende Geschrei der Feinde, und die Wehklage derer, die ihre Kinder beweinten, verbreitete sich überallhin;

11 denn mit gleicher Strafe wurde der

Knecht zugleich mit seinem Herrn gezüchtigt, und der Untertan erlitt dasselbe wie der König.

12 Alle ohne Ausnahme aber hatten durch dieselbe Todesart zahllose Tote, und die Überlebenden genügten nicht, um sie zu begraben, weil in einem einzigen Augenblick der vornehmste Teil ihrer Nachkommenschaft hinweggerafft worden war.

13 Während sie also vorher infolge ihrer Zauberkünste völlig ungläubig geblieben waren, bekannten sie jetzt bei der Vernichtung ihrer Erstgeborenen, daß das Volk der Sohn Gottes sei. [Denn während sie vorher, durch ihre Zauberer verhindert, ganz ungläubig waren, mussten sie jetzt beim Untergang ihrer Erstgeborenen bekennen, dass dies Volk Gottes Sohn ist. (16)]

14 Denn zu der Zeit, wo tiefes Schweigen alles umfangen hielt und die Nacht sich in der Mitte ihres Laufes befand,

15 da fuhr dein Allmachtswort vom Himmel her von deinem Königsthron wie

ein unerbittlicher Krieger in das dem Verderben geweihte Land herab;
16 als scharfes Schwert trug er deinen unwiderruflichen Befehl; er trat hin und verbreitete den Tod im ganzen Lande; den Himmel berührte er und schritt doch auf der Erde dahin.
17 Da schreckten plötzlich furchtbare Traumbilder sie auf, und unerwartete Ängste befielen sie;
18 halbtot stürzten sie, der eine hier, der andere dort, zur Erde nieder und zeigten damit an, welches die Ursache ihres Todes sei;
19 denn die Träume, durch die sie beunruhigt worden waren, hatten dies ihnen zuvor kundgetan, damit sie nicht stürben, ohne zu wissen, warum sie solches Unheil erlitten.

Die Pestplage der Israeliten in Kades gemildert durch das Eintreten Aarons

20 Es hat freilich auch die Gerechten die

Anfechtung des Todes getroffen: ein Sterben gar vieler von ihnen fand in der Wüste statt; doch das Zorngericht hielt nicht lange an;

21 denn ein unsträflicher Mann beeilte sich, als Vorkämpfer für sie aufzutreten. Indem er die Waffe seines heiligen Dienstes, nämlich Gebet und versöhnendes [sühnendes (17)] Räucherwerk, herbei-brachte, trat er dem Grimm entgegen und machte dem Unheil ein Ende; er zeigte so, daß er dein Diener war.

22 Er überwand aber den Zorn nicht durch Körperstärke, noch durch Waffengewalt, sondern durch das Wort bezwang er den Strafenden, indem er an die den Vätern geleisteten Eidschwüre und die mit ihnen geschlossenen Bündnisse erinnerte.

23 Denn als die Toten schon haufenweise übereinander dalagen, trat er dazwischen, brachte das Zorngericht zum Stillstand und schnitt ihm den Weg zu den noch Lebenden ab [trat er dazwischen und hielt den Zorn auf und

schnitt ihm den Weg zu den Lebenden ab (18)].

24 Denn auf seinem langwallenden Talar war die ganze Welt (abgebildet) und der Ruhm der Väter auf den vier Reihen geschnittener Steine (angebracht) und deine Herrlichkeit (Majestät) auf der Binde seines Hauptes.

25 Vor diesen Wahrzeichen wich der Verderber (Würgengel) zurück, vor ihnen scheute er sich; denn die bloße Erprobung des (göttlichen) Zorns war ausreichend [denn es war schon genug, dass die Israeliten eine Probe des Zorns erfahren hatten (19)].

e) Verschiedenheit des Geschicks der Ägypter und der Israeliten bei den Ereignissen am Roten Meer

19. Kapitel

Gottes Wunder an Freund und Feind

1 Die Gottlosen aber bedrängte der erbarmungslose Zorn bis ans Ende; denn Gott wußte auch ihr zukünftiges Verhalten im voraus,
2 daß sie nämlich, obgleich sie selbst zum Auszuge gedrängt und sie geradezu vertrieben hatten, doch andern Sinnes werden und sie verfolgen würden.
3 Und in der Tat: während sie sich noch mitten in der Trauerfeier befanden und noch an den Gräbern ihrer Toten wehklagten, faßten sie mit einemmal einen andern, ganz verfehlten Entschluß und verfolgten wie entlaufene Sklaven die, welche sie eben noch unter Bitten zum Weggehen gedrängt hatten.
4 Denn es zog sie zu diesem Ausgang das verdiente Verhängnis und flößte ihnen Vergessenheit alles dessen ein, was geschehen war, damit sie die an ihren Heimsuchungen noch fehlende Strafe vollends erlitten
5 und damit dein Volk die wunderbare

Wanderung ausführte, während jene
einen ungewöhnlichen Tod erlitten.
6 Denn die ganze Schöpfung wurde in
ihrer Eigentümlichkeit wiederum aufs
neue umgeschaffen, indem sie ganz
besonderen Befehlen gehorchte, damit
deine Kinder unversehrt erhalten blieben.
7 Da sah man die Wolke, welche den
Heereszug überschattete, und das
Auftauchen trockenen Landes, wo vorher
Wasser gestanden hatte: einen freien
Weg aus dem Roten Meere hinaus und
eine grünende Flur, die aus den
reißenden Fluten emporgestiegen war.
8 Auf dieser zogen sie hindurch, das
ganze Volk, von deiner Hand beschirmt,
nachdem sie erstaunliche Wunder
geschaut hatten.
9 Denn wie Rosse wurden sie geweidet,
und wie Lämmer hüpften sie, indem sie
dich, o Herr, als ihren Retter priesen.
10 Denn sie gedachten noch alles
dessen, was sie während ihres
Aufenthaltes in dem fremden Lande
erlebt hatten, wie die Erde, statt die
gewöhnlichen Tiere hervorzubringen, nur
Mücken erzeugt hatte, und wie der

Nilstrom - anstatt der Wassertiere - die Unmenge von Fröschen ausgespieen hatte.

11 Später aber sahen sie auch noch eine neue Art Vögel, als sie, von Lüsternheit getrieben, um Leckerbissen gebeten hatten;

12 denn um ihnen Befriedigung zu gewähren, stieg aus dem Meere ein Wachtelschwarm herauf.

f) Die Ägypter und die Sodomiten

13 Jedoch kamen die Strafen über die Frevler nicht, ohne daß Warnungszeichen durch furchtbare Blitzschläge vorausgegangen wären; denn mit Recht litten sie für ihre Bosheitstaten; sie hatten ja einen ganz ungewöhnlichen Fremdenhaß an den Tag gelegt.

14 Jene (die Sodomiten) nämlich hatten nur Unbekannte, die zu ihnen gekommen waren, nicht aufnehmen wollen, diese (die Ägypter) dagegen suchten

Gastfreunde, die ihnen Gutes erwiesen hatten, zu Knechten zu machen.

15 Und nicht nur dieses, sondern – wofür noch die Strafe sie treffen wird – während jene die Fremden gleich anfangs feindselig aufgenommen hatten,

16 haben diese dagegen diejenigen, welche sie mit Festlichkeiten empfangen hatten und welche bereits zu voller Teilnahme an ihrem Bürgerrecht gelangt waren, mit schweren Fronarbeiten mißhandelt.

17 Sie wurden aber auch mit Blindheit geschlagen, wie einst jene an der Tür des Gerechten, als sie, von tiefer Finsternis umgeben, ein jeder den Eingang zu seiner Haustür suchten.

g) Rückblick auf die mosaische Wunderzeit

18 Denn die Elemente unterliegen durcheinander dem Wechsel, gerade wie auf einem Saiteninstrument die Töne der

Melodie den Namen wechseln, während sie doch dem Klange nach stets dieselben bleiben, was sich aus der Betrachtung der damaligen Begebenheiten mit Sicherheit entnehmen läßt.
19 Denn Landtiere verwandelten sich in Wassertiere, und Schwimmtiere stiegen ans Land heraus;
20 das Feuer gewann im Wasser stärkere Kraft, und das Wasser vergaß im Feuer seine löschende Kraft.
21 Die Flammen hinwiederum verzehrten nicht das Fleisch leichtvergänglicher Geschöpfe, die in sie hineingerieten, und ließen nicht die eisähnliche leichtschmelzbare Art der himmlischen Nahrung schmelzen.
22 Denn in allen Beziehungen hast du, o Herr, dein Volk geehrt und herrlich gemacht, hast es nie aus den Augen gelassen, sondern ihm allezeit und überall beigestanden.

[*Schlusswort*

18 Denn die Elemente verändern ihr Wesen, so wie auf der Harfe die Töne je andere Melodien hervorbringen, obwohl der jeweilige Ton immer der gleiche bleibt. Dies ist aus der Betrachtung der Geschehnisse deutlich abzuleiten:
19 Landtiere wurden in Wassertiere verwandelt, und Wassertiere gingen ans Land.
20 Das Feuer behielt im Wasser die ihm eigene Natur, und das Wasser vergaß seine Kraft zum Löschen.
21 Wiederum verzehrten die Flammen nicht das zarte Fleisch der Tiere und brachten nicht die himmlische Speise zum Schmelzen, die doch so leicht schmilzt wie Eis.
22 Herr, du hast dein Volk in allem groß und herrlich gemacht und hast es nicht verachtet, sondern ihm allezeit und an allen Orten beigestanden. (20)]

Anhang und Register

(1) Luther Bibel 1984

(2) Luther Bibel 1912

(3) Luther Bibel 1912

(4) Luther Bibel 1912

(5) Ein ***Harnisch*** *(mhd. harnasch, von altfranzösisch harnais; ursprünglich vermutlich aus dem altnordischen hernest „Heeresvorrat") ist die den Körper bedeckende Rüstung eines Ritters.*

(Quelle: Wikipedia)

(6) Luther Bibel 1912

(7) Luther Bibel 1912

(8) Luther Bibel 2017

(9) Luther Bibel 2017

(10) Luther Bibel 2017

(11) vergl. unterschiedliche Bibelübersetzungen, siehe auch: Der Verkehr mit der Geisterwelt Gottes, seine Gesetze und sein Zweck

(12) Luther Bibel 1912

(13) Luther Bibel 2017

(14) Luther Bibel 1912

(15) Luther Bibel 1912

(16) Luther Bibel 1984

(17) Luther Bibel 2017

(18) Luther Bibel 2017

(19) Luther Bibel 2017

(20) Luther Bibel 2017

(Die Apokryphen sind in wenigen Bibelübersetzungen verfügbar. Weitere Recherche und Vergleiche zum Bibelstudium sind empfohlen.)